Mal dir deinen Ärger weg!

SCHIMPFWÖRTER

Malbuch für Erwachsene

Patrick Kohtz

Vollidiot

Aushilfsamöbe

Trottel

Wichser

WaRmduscheR

Steckdosen-
befruchter

Arschgeige

Welpenmörder

Amateur

turnbeutel-
vergesser

Kotz-
brocken

Hurensohn

2UP
1905

Weichei

Schrittschwitzer

Erbsen
Zähler

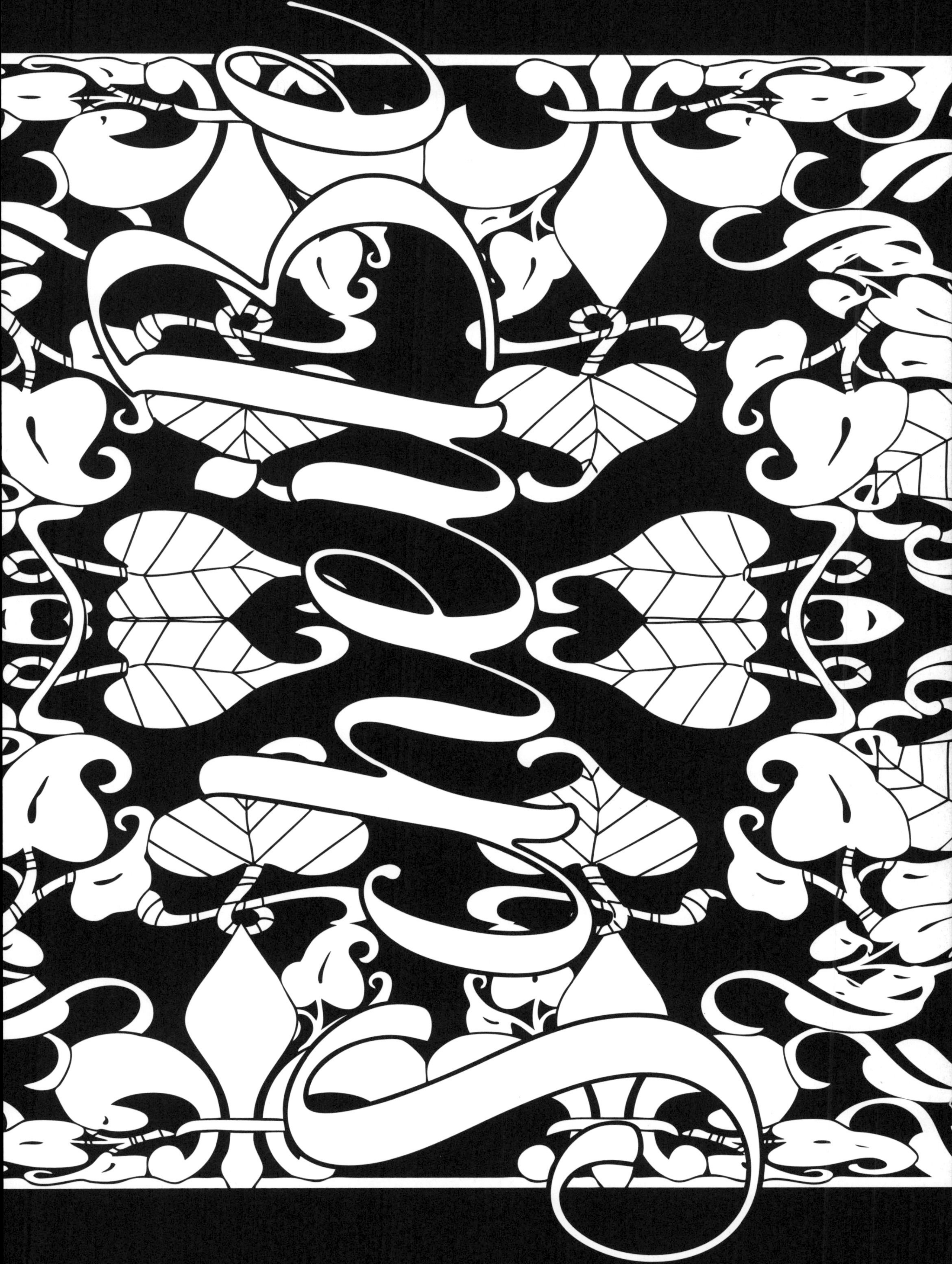

Pisser

LOVE

Hohlbrot